FACÉTIES
ET
CURIOSITÉS
BIBLIOGRAPHIQUES

1863

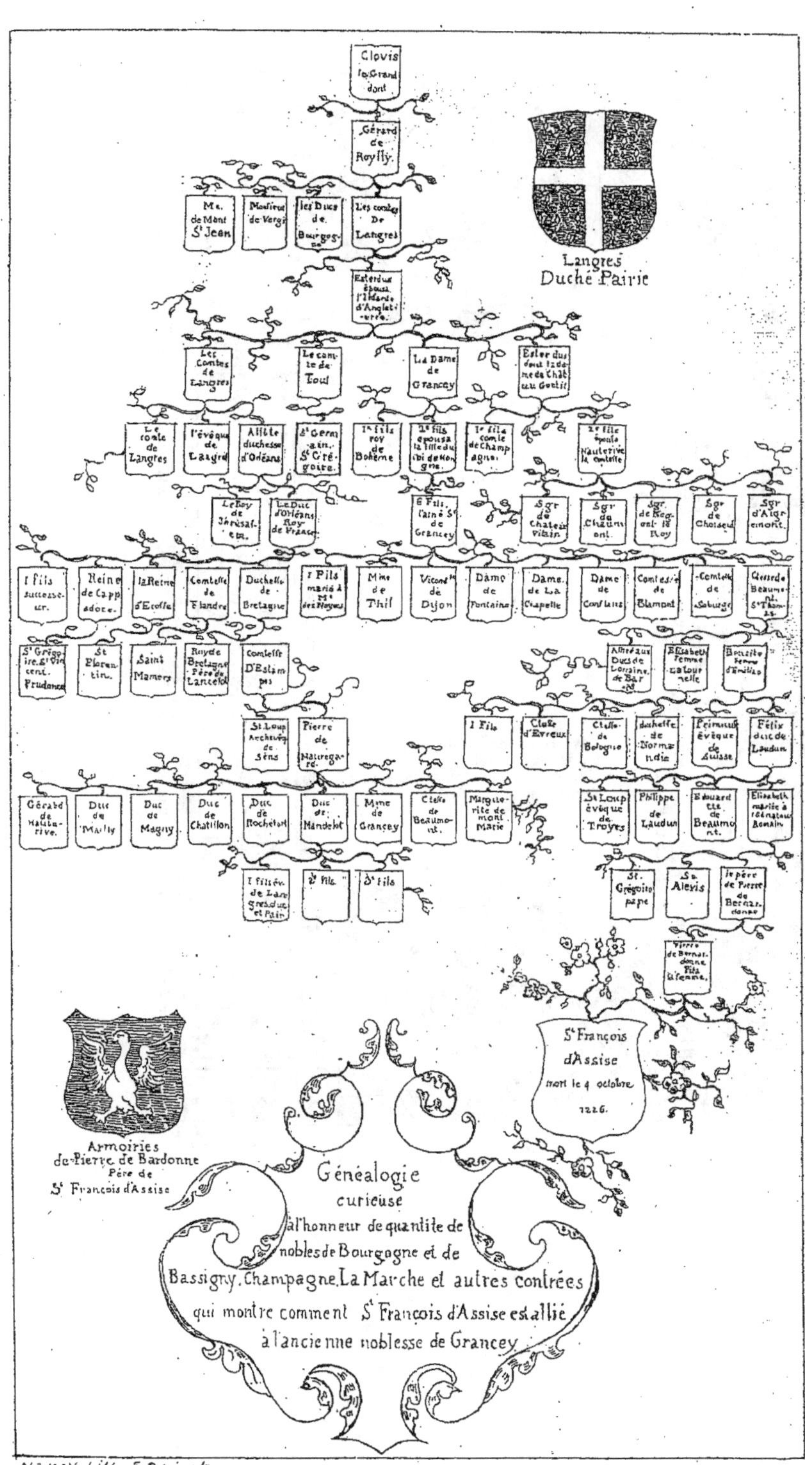
Clovis le Grand dont
Gérard de Roylly
Mr. de Mont St Jean
Monsieur de Vergi
Les Ducs de Bourgogne
Les comtes De Langres
Esterdus épousa l'Ildarde d'Angleterre.
Langres Duché Pairie
Les Comtes de Langres
Le comte de Toul
La Dame de Grancey
Esterdus épousa Izderne de Château Goutit
Le comte de Langres
l'évêque de Langres
Alithe duchesse d'Orléans
St Germain St Grégoire.
1er fils roy de Bohème
2e fils épousa la fille du Roi de Hongrie.
1er fils comte de Champagne.
2e fille épousa Hauterive la comtesse
Le Roy de Jhérusalem.
Le Duc d'Orléans Roy de France.
6 Fils, l'ainé Sgr de Grancey
Sgr du Chateauvilain
Sgr de Chaumont
Sgr de Rougeval 18 Roy
Sgr de Choiseul
Sgr d'Aigremont.
1 fils successeur.
Reine de Cappadoce.
la Reine d'Ecosse.
Comtesse de Flandre
Duchesse de Bretagne
1 Fils marié à Mme des Noyers
Mme de Thil
Vicomtesse de Dijon
Dame de Fontaine
Dame de La Chapelle
Dame de Confluns
Comtesse de Blamont
Comtesse de Saburge
Qssesde Beaumont. St Thomas.
St Grégoire. St Vincent. Prudance.
St Florentin.
Saint Mamers
Roy de Bretagne Père de Lancelot
Comtesse d'Estampes
Autre aux Ducs de Lorraine. de Bar &c.
Elisabeth femme Latournelle
Brixite femme d'Emilie
St Loup Archevêque de Sens
Pierre de Naturegard.
1 Fils
Clsse d'Evreux
Clsse de Bologne
duchesse de Normandie
Feirmut évêque de Suisse
Félix duc de Laudun
Gérard de Hauterive.
Duc de Mailly
Duc de Magny
Duc de Chatillon
Duc de Rochefort
Duc de Mandebet
Mme de Grancey
Clsse de Beaumont.
Marguerite de mont Marie
St Loup évêque de Troyes
Philippe de Laudun
Edouard de Beaumont.
Elisabeth mariée à l'sénateur Romain
1 fille du de Langres duc et Pair
2e fils.
3e fils.
St Grégoire pape
Ste Alevis
le père de Pierre de Bernardonne
Pierre de Bernardonne Fils la femme
St François d'Assise mort le 4 octobre 1226.
Armoiries de Pierre de Bardonne Père de St François d'Assise
Généalogie curieuse à l'honneur de quantité de nobles de Bourgogne et de Bassigny, Champagne, La Marche et autres contrées qui montre comment St François d'Assise est allié à l'ancienne noblesse de Grancey
Nancy. Lith. E. Prévot.

GÉNÉALOGIE

CVRIEVSE

DE SAINCT

FRANÇOIS D'ASSISE.

Povr auoir nud suiui la croix,
On le taxa de folie,
Mais de tous les siècles la voix
Monstre sa gloire fleurie.

FECIT·POTENTIAM   IN·BRACHIO·SVO

A Nancy par les soins de Jean Cayon

C. LAPAIX

CENT VINGT EXEMPLAIRES.

NANCY,

CAYON-LIÉBAULT, Libraire-Éditeur,
Rue Stanislas, 10.

M. D. CCC. LXIII.

Nancy. — Typog. de N. Collin.

GÉNÉALOGIE CVRIEVSE

*A l'honnevr de qvantité de nobles de Bourgogne, de
Bassigny, de Champagne, de Lorraine,
et avltres contrées plvs loingtaines.*

Tirée dvn viel manvscript latin;

Escritte par un nommé

GERARD DE HAVTERIUE,

Archidiacre de Langres,

qui monstre comment

SAINCT FRANÇOIS D'ASSISE

est allié à l'ancienne noblesse DE GRANCEY :

en laquelle

*sont amplement rapportées et déduictes diuerses
Illustrations Sacrées, auec nòmbre d'aultres
alliances auec les Emperevrs, Roys,
Princes, Comtes, Haultz Barons;
voire des Trèz-Excellentz*

DVCS DE LORRAINE,

Des comtes DE BAR, DE VAVLDEMONT,
de LANGRES, de CHAMPAGNE, des DUCS
de BOVRGOGNE, oultre certaines de Lignages
d'Ancienne Cheualerie de Lorraine :
de grantz et renommés personnages
PARANGONS DE LEURS RACES.

De la Famille de

PIERRE DE BARDONNE

Père de

SAINCT FRANÇOIS D'ASSISE.

aintz graues autheurs ont traicté assez suf—fisamment de l'excel—lence, uie et conuer—sation de ce grant et - vénéré Patriarche *SAINCT FRANÇOIS D'ASSISE;* toute—fois il n'a esté touché que légèrement de son lignage, lequel reluict singulièrement entre touz aultres, comme il apparoist par ceste présente Généalogie estrangement esmerueillable.

A

De nostre trez vanté Roy Clouis, sortist la tige de cest arbre tant auguste, es branches duquel viennent se conjoindre Empereurs, Potentatz, Princes et Haultz Barons de la Chrestienté, et parmy iceulx les trèz redoubtez Dvcs de Bourgogne, de Lorraine ; les comtes de Champagne, de Bar, de Blamont, de Vauldémont, de Toul, etc.. Les nobles cheualiers ny sont miz en oublye : Choiseux, Chastillon, Chasteauvillain, Beaumont, d'Aigremont, Estampes, Mailly, Mandelot, Rochefort, Saffres, etc. Voire des sainctz docteurs et confesseurs de la Foi, pour ces innumérables illustrations se poser sur les Sires de Grancey, *des contrées de Bourgogne et des Feurs-assises es Pays Lorrain. Lesquelz De Grancey portent :* d'argent, au chief de guelles.

Le Benoist Sainct François auoit delaissé touz biens terriens affin d'aspirer mieulx à ceulx de la patrie célestienne ; mais Dieu qui dez ceste uie rémunère au centuple ses fidels scruiteurs, volut que sa gloire res-

*plendist en ses jours, véant la multiplica-
tion des Ordres Minevrs, sous sa saige
reigle et conduite parfaicte, et que ceste
Généalogie lui fust apportée par vn ange,
affin que fusssent vérifiées ces parolles
Euangéliques : qu'iceulz pourveuz de l'esprit d'humblesse, exaltés seront audessubs
et à l'encontre de touz aultres.*

*Aulcunes insignes Masons tirent assez
leur lignage de telz sainctz personnages ;
les Beavvav en Aniou, numèrent la Sacro-
Saincte Vierge, mère de Nostre Saulueur,
et son tant chaste espoux le Bienheureulx
Sainct Joseph ; Messieurs de Vidranges,
le Lazare, rescussité à la parolle de Nostre seigneur JESUS-CHRIST. etc. Nostre
glorievlx SAINCT FRANÇOIS, aurebours,
se veoit quasi le dernier annel de la
chaisne de ces tant illvstres génerations
auant dictes. Il est déclairé d'ailleurs que
l'Ange à luy député, apporta non certes
une Généalogie paracheuée, ainsy qu'il se
pourroit croire, mais aussy bien le tissu
d'icelle. Aultrement, donnant à entendre,*

par compréhension sublime, que par sens moral releué, noz destinées sont liéez en l'esprit de Dieu, et que les germinations des exquises vertus qui ont esclaté dans l'incomparable Sainct François d'Assise, estoient déjà incluses en ces illvstres races, qu'elles tenoient les unes aux aultres, par levrs qualitez chresticnnes descoulant d'une mesme sovrce, l'intelligence diuine, et qu'après ces grants et religieux personnages, nostre Patriarche s'en vint parfaire leurs perfections. Le tout au plvs notable esloge et prouffict certain d'icelles lignées, en cestuy monde et le fvtvr.

St François d'Assise
Langres
Francs
Lorraine
Angleterre
Hongrie
Mandelot
Vergy
Bohême
Jérusalem
St François d'A.
Saffre
Bretagne
Bourgogne
Flandre
Champagne
Choiseul
Savoie
Grancey
Normandie
Vaudémont
Ecosse
Rochefort
Nancy. Lith. E. Prévot.

LLVSTRE GÉNÉALOGIE

DE SAINCT FRANÇOIS D'ASSISE.

Sur la foy de ce manuscript, dans le traité
qui est intitulé *Rotá Fortuna,* qui se peut
recouurir à Chaalous-sur-Saonne, par les
enseignements qu'en donneront les héritiers
de M. de Montmoyen, vous trouuerez que

le Séraphicque **SAINCT FRANÇOIS** ayant esté enuoyé en France par le pape, les cronicques ne disent pas jusques où il arriua. Il vint jusqu'à Issurtelle, et assista à la dédicace d'une esglise que *Gauthier*, euesque de Langres dédia en un village dit Villey, scitué sur la riuière de Thille, en l'honneur de Dieu et de Sainct Jean—Baptiste et de la Magdelaine, en présence des ducs de Lorraine, de Beaumont, de Bourg, **DE GRANCEY**, « *praesentibus omnibus Abbatibus, tam albis quam nigris* » ainsy que rappelle l'autheur.

SAINCT FRANÇOIS, selon la ferueur séraphicque, y prescha depuis tierce jusquà none, du dessus d'un saule, auprès de l'esglise, d'où sortit vn prodigieux serpent qui estoit dans le tronc de cest arbre, à la veue de tout le monde : « *Sibila lambebant linguis vibrantibus ora* » ce qui fist cognoistre à chacun que le Démon cédoit la place à **JÉSUS**.

Le sermon estant fini, *Monsieur* **DE GRANCEY** inuita **SAINCT FRANÇOIS** en sa maison. Là, en attendant le repas dedans une chambre, il se mist en prière, et pria DIEU qu'il lui feist la grâce de connoistre l'estat de ses parents qu'il auoit abandonné pour suiure nud le Crucifié. DIEU qui fait et fera toujours la volonté de ceulx qui ont sa saincte craincte, luy députa un ange pour luy apporter le tissu d'une Généalogie : « *Et dedit copiam ejus hujus libri Dominis De Granceio.*» L'autheur assure qu'il en donna copie à Messieurs DE GRANCEY. En voicy l'abrégé extraict et collationné fidèlement à l'original.

GERARD DE ROYLLY, Pair de France, et de la lignée royalle de *Clouis,* nepueu du Roi d'Escosse, qui bastit treize monastères et entr'autres Vezelay qui garde le corps de saincte *Magdelaine*, de qui sont descendus *Messieurs* DE MONT-SAINT-JEAN, DE VERGY, les *ducs de Bourgogne,* COMTES DE LANGRES, et parmy ces derniers un nommé ESTERDUS , lequel espousa l'Infante d'Angleterre, de laquelle il eust deux fils et deux filles.

L'aisné de ces fils fust *comte de Langres*, et qui dota l'épiscopat et renta les Chanoines Réguliers. Son cadet fut *Comte de Toul*, qui eust deux fils : à scavoir SAINT-GERMAIN, *euesque d'Auxerre*, et SAINT-GREGOIRE, *euesque de Langres*.

La première de ses filles fust DAME DE GRANCEY, DE SALINS, DE THILCHASTEAU, DE MONTSALUS, DE CONFLANS, DE CLERMONT, DE BASSIGNY. Nous verrons cy après ce que deuint sa seconde fille appelée ESTERDUS.

Disons maintenant les alliances de Messieurs de SALINS auec ceulx de VEZELAY et de CHAUVIRAY, de Messieurs DE THILLECHATEAU auec les Ducs de Bourgogne. L'un bastit un monastère à Sainct Léger ; il s'allia auec Messieurs DE CHASTILLON, DE BEAUJEU, et un de leur race fust pape.

Monsieur DE SALINS espousa une comtesse de Bousy, qui fonda le priorey d'Aubigny, et fist alliance auec Messieurs DE ST. DIDIER, de FISCH et de LONGON, CONFLANS ; espousa la fille du comte d'Auxerre,

et s'allia auec Messieurs D'ARPEY, SOLE-
NAY, VALFLORIE, De RANDAN.

Le comte de CLEMONT espousa la fille
de LANLON, et s'allia des comtes de LA
MARCHE et de CHAUDENET.

Madame de GRANCEY, susnommée
espousa le fils du Roi de Bohême, de qui
elle eust deux filz : l'aisné succéda à son
père ; le cadet espousa la fille du Roy de
Hongrie, de qui sortirent une demi-douzaine
de beaux seigneurs ; l'aisné de ces six mâsles,
fust *Seigneur* De GRANCEY, et eust un filz
et huict filles. Le filz espousa *madame De
Noyers*, et voicy où furent placées les
huict filles.

La première espousa *Monsieur* De THIL
en AUXON, et leurs descendants s'allièrent
auec *Messieurs* De CHAMP, De CHANLEY,
De ROCHEFORT, de SAFFRES et De
TANLAY.

La deuxiesme fust *vicomtesse* de DIJON,
et s'allia de *messieurs* les comtes de BOLO-
GNE, de l'ancienne race de SAINCT-BELIN,
venue d'Allemagne en Lorraine. — Bassigny

— Bourgogne, alliée de **SAUOYE**, et qui porte : *d'azur, à trois testes de béliers d'argent, accornés d'or.*

La troisiesme fust Dame De **FONTAINE**, près de Valent, grand'mère de Sainct Bernard. Leurs alliances sont auec Messieurs De **MAILLY**, **MAIGNY**, **ROUGEMONT**, **MARIGNY**, etc. Comme on peut lire en l'histoire Saincte Chastillon, nouuellement imprimée et composée par le Père Le Grand, Jésuiste.

La quatriesme Dame fust Dame De **LA CHAPELLE**, près de Mascon, qui eust un filz, fondateur de Clugny. Leurs alliés sont : **MONTAIGU**, **MARNAY**, **SOMBERNON**.

La cinquiesme fust Dame De **CONFLANS** ; ses alliééz sont les comtes de **SAINCT PAUL**, de **SAINCT AUBIN**, De **BOSCIEAN**.

La sixiesme fust mariée au comte De **BLAMONT**, de qui sortit ce moine et scauant idiot, qui n'ayant peu retenir que *AVE MARIA*, plusieurs graues autheurs attestent que de son tombeau sortit une ombre ou lys, dont les feuilles estoient imprimées de ce Salut Angelicque : *AVE MARIA*. Leurs alliances sont auec les comtes de **MONT-BELLIARD** et de **SAUOYE.**

La septiesme se maria au pieux comte De SABURGE; leurs alliés sont Messieurs De GRANDPREY et de **SCIREY.**

La huictiesme espousa monsieur le comte De **BEAUMONT**, de qui sortit **SAINCT THOMAS** De **CANTORBIE**, euesque, illustre martyr de **JESUS** et défenseur des immunitez de l'église; né un mardy, euesque un mardy, exilé un mardy, rappelé de l'ostracisme un mardy, par une feinte amnistie; soudain transpercé un mardy.

Ses alliés sont **MESSIEURS**

Les ducs de **LORRAINE**, *les comtes de* **BAR** qui portent *d'azur, à deux bars adossés d'or, semés de croix recroisettées, au pied fisché de mesme ;* auec ceux de **VAUDEMONT** et **VAUDRINCOURT**, et de ces messieurs de **VAUDEMONT** est descendu **SAINCT PATRICE**, qui preschant en Irlande le purgatoire à des incrédules, fist entrouurir la terre pour faire un spectacle

espouuantable à leurs yeux, de ce que leurs
imaginations ne vouloient pas conceuoir
et appréhender ces abstractions, et on monstre encore aujourd'hui *le trou de St. Pa-*
trice.

Ce Comte de BEAUMONT a aussy eu deux
filles, la première s'appeloit *Elisabeth,* qui
espousa Louys De *La Tournelle,* à qui elle
donna un fils et trois filles.

La première fust *comtesse d'Evreux,* en
Bretagne ; la deuxiesme, *comtesse de Bolo-*
gne, la troisiesme, fust *duchesse de Nor-*
mandie, mère de *Sainct Ouen,* archeuesque
de Rouen.

La deuxiesme fille du comte De Beaumont
s'appela *Bensiste,* qui fust mariée à *Emi-*
lian, duc et Pair de France ; elle estoit
mère de *Primicus,* euesque de Suisse et de
Fœlix, père de Sainct Loup.

Fœlix, duc de LAUDUN, auoit trois fils
et une fille, quand *Primicus,* son frère,
mourut, et, de l'estat de viduité, il monta à
celui de l'épiscopat, à la place de son frère,
en Suisse.

SAINCT LOUP, fust euesque de Troyes.
Cest agneau espouuenta le fléau de Dieu,
Attila, et le receut pourtant de la main du
Tout-Puissant, et on luy donne pour deuise :
Mitissimus Lupus, terribilis agnus.

Le deuxiesme filz de *Fœlix,* fust *Philippe,*
duc de *Laudun ;* le troisiesme, *Edouard,*
comte de Beaumont, sa fille fust une *Elisabeth,* comtesse de Beaumont, laquelle fust
donnée en mariage à un Sénateur Romain
et Préteur, de qui sont sortis SAINCT-GRE-
GOIRE, pape ; SAINCT ALEXIS, et le père
de PIERRE DE BERNARDONNE , gen-
tilhomme d'Ombrie, marchand italien en
la ville d'Assise, qui, au rapport de Vadin-
gue, porte : *D'azur, au cygne d'argent,
becqué et membré de sable.* Sa femme
nommée PIRA, de qui est descendue l'épi-
taphe viuant de J. C. SAINCT FRANÇOIS
D'ASSISE, qui commença sa conuersion
sous l'empereur Frédéric et du règne du
pape Lucius III, en l'année 1206, aagé de
25 ans. Il commença son premier ordre en
1208 ; receut la règle de J. C après un jeûne

de 40 jours, sur la montagne, comme un
aultre Moyse, l'an 1211, que fust approuuée
de viue voix par le pape Innocent III. Il le
receut une seconde fois sur la montagne de
Ste Colombe, Frère Elie l'ayant perdue Il
fust enuoyé en France par le pape Honoré
III. Il institua l'ordre de Saincte Claire,
l'an 1225; fust imprimé réellement par un
Séraphin des sacrées playes de J. C. et
stygmatisé au mont Alleuerne, l'an 1224,
le 17 Septembre. Il vescut 45 ans, mourust
un samedy, le 4ᵉ octobre 1226 Il ressuscita
quatre morts pendant sa vie et vingt-
six après sa mort, ce qui
obligea le pape
Grégoire II,
à le canoniser; que fust
l'an 1226,
et voici le fruict
de sa
religion
totale.

ECONDE PARTIE.

Pour acheuer ceste généalogie, exempte
du reproche qu'on pourroit faire auec Sainct
Paul : « *Stultas genealogias deuita*, » puis-
qu'elle est une pépinière de saincts, je dis
que *Estardus* eust une fille puisnée qui
fust dame de **CHASTEAU GENTIL**, qui
s'appèle aujourd'hui **CHASTEAU VILAIN**,
à cause qu'un seigneur abusa d'une prin-

cesse en ce lieu. Ainsy que Montgeny, vient de *Mons cinerum*, qui estoit autrefois le lieu où on brûloit les victimes ; Monbar, *Mons Bardorum*, et les Bardes estoient proprement les prestres des Gaulois ; Montreux, *Mons Jovis* ; Mondreux, *Mons Druidarum*, d'autant que les sacrificateurs idolastres y habitoient. Elle fust aussy Dame De **CHAUMONT**, De **CHOISEUX**, d'**AIGREMONT**, et de **NOGENT**, et espousa un comte de Champagne, de qui elle eust deux filz.

Le premier succéda à son père ; le deuxiesme espousa la fille du comte de **HAUTERIUE**, et lui donna cinq filz. Le premier fust Seigneur de **CHASTEAU-VILAIN**, et espousa la fille du comte de **CLEMONT**, d'où sortit *Hugues*, abbé de Clugny, et la mère de **SAINCT ROBERT** qui vint auprès de Gilly bastir Cisteau.

Le second fust seigneur de **CHAUMONT** ; le troisiesme, seigneur de **NOGENT-LE-ROY**, qui fonda le priorey de St. Germain de Peulangy, qui dépend de St. Bénigne de

Dijon. Le quatriesme fust seigneur DE
CHOISEUX, d'où est descendu St. Gen-
goult, fondateur du priorey à Langres, re-
leuant de Molesme; le cinquiesme, fust Sgr.
d'Aigremont, qui fonda l'abbaye de Mori-
mond, dépendant de Cisteaux.

Du fils aisné d'ESTERDUS, *comte de
Langres*, sortirent deux garçons et une
fille. Le premier fust *comte de Langres ;* le
second, en fust euesque; la fille fust *duchesse d'Orléans,* qui voyant son frère
mort sans enfants, obtint du roy l'annexe
du comté à l'épiscopat, et que le dit euesque seroit des douze pairs.

La duchesse nommée Alitte, ainsy que la
mère de SAINCT BERNARD, fist bastir
St. Bénigne de Dijon, puis espousa un Roy
de Jérusalem, qu'on disoit estre descendu
du Roy DAVID, de la SAINCTE VIERGE, de
SAINCT PAUL, de SAINCT BARNABÉ et
de SAINCTE MAGDELAINE par l'ancienne
et certaine tradition.

Elle eust deux fils : le premier fust *roy de
Jérusalem ;* le second, *duc d'Orléans,* et

Roy de France, à qui Dieu donna un successeur et quatre filles.

La première fust Reine de Cappadoce, dont sont issus SAINCT GRÉGOIRE, SAINCT VINCENT, et le poète *Prudence,* panegyriste des martyrs ; la deuxiesme fust *reine d'Escosse,* mère de SAINCT FLOREN-TIN, parent de saincte Ursule.

Ursulle qui se déroba la veille de sès nopces, et, selon l'archevêque De Voragine, fust martyrisée avec les onze mille vierges, pour sa chasteté.

La troisième, fust comtesse de Flandres, mère de Sainct MAMES.

La quatriesme, fust duchesse de Bretagne, et qui eust deux fils : *le premier* Roy de Bretagne, père du scauant Lancelot ; *Le deuxiesme,* COMTE D'ESTAMPES qui eust deux fils : le premier fust SAINCT LOUP, archeuesque de Sens ; lequel, pendant qu'il célébroit la saincte messe, un ange luy coula une pierre précieuse en son calice.

Le deuxiesme fust PIERRE DE MAURE-

GARD, qui eust six fils et trois filles.

le *premier* fust, GÉRARD DE HAUTE-RUIUE, chancelier de France.

le deuxiesme, DUC DE MAILLY.

le troisiesme, DUC DE MAGNY.

le quatriesme, DUC DE CHASTILLON.

le cinquiesme, DUC DE ROCHEFORT.

le sixiesme, DUC DE MANDELOT.

La première fille fust MADAME DE GRANCEY ; la deuxiesme, COMTESSE DE BEAUMONT ; la troisiesme, *Marguerite* DE MONTROMARIE, toutes renommées. Monsieur DE MANDELOT espousa une prin-cesse d'Allemagne, de qui il eust

trois fils,

dont le premier

fust

euesque de Langres,

Duc et

pair.

Ceste coppie a esté tirée sur une autre coppie tirée sur l'original, imprimée et attestée par deux notaires de Bassigny, nommez

Vautrin et Gury de La Marcheles,
10ᵉ juin 1666.

A D

MAJOREM

DEI

GLORIAM.

Fin
de la Généalogie
cvrievse.

TABLE ALPHABÉTIQUE

DES LIEUX,

DES SAINCTS OU ILLUSTRES PERSONNAGES,

DES TRÈS-NOBLES MAISONS
ET DE LEURS LIGNÉES,

Rapportés dans ceste Généalogie.

Aigremont, (d') Ancienne Cheualerie.
Alexis. Sainct.
Allemagne, (Empire d')
Angleterre. (Royaume d')
Arpey, (d')

Champagne. Comtes de
Chastillon. (De)
Châsteaugentil. (De)
Châsteauvilain. (De)
Chaudenet. (De)
Chaumont. Ducs de
Chauvirey. Anc. Cheualerie.
Choiseul. Anc. Cheualerie.
Cirey.
Cisteaux. abbaye de
Clemont. Anc. Cheualerie.
Clermont (De), Anc. Cheualerie.
Clouis, Roi de France.
Conflans. Anc. Cheualerie.

Dijon Comtes de.

Emilian, duc et Pair de France.
χ Escosse. Royaume d',
Etampes, comtes d',
Esterdus.
Evreux. comtes d',

Fisch. (De)

Jean Baptiste. Sainct,
Jérusalem. Royaume de,

La Chapelle. (De)
Lamarche. (De), Anc. Cheualerie.
Langres, Duché-Pairie.
Langres. Les comtes de,
Lancelot, scauant homme.
Lanlon. (De)
Laudun, Ducs de,
Léger. Sainct,
Longon. (De)
Lorraine. Les ducs de,
Loup. Sainct,
Lucius III, pape.

Magdelaine. Saincte,
Marie, mére de Dieu.
Magny. (De), Anc. Cheualerie.
Maigny, (De)
Mailly, (De), Anc. Cheualerie.
Mandelot. (De), Anc. Cheualerie.
Marigny. (De)
Marney.

D

FIN.

St François
Langres
d'Assise
Francs
Lorraine
Angleterre
Hongrie
Mandelot
Tergi
Jérusalem
Bohême
St François d'A.
Bretagne
Sarre
Bourgogne
Flandre
Champagne
Choiseul
Savoie
Grancey
Normandie
Vaudémont
Ecosse
Rochefort
Nancy. Lith. E. Prévot.